CADERNO DE ESPIRITUALIDADE
Descubra o sagrado em você

**Coleção Cadernos de Espiritualidade
Anselm Grün**

- Caderno de espiritualidade – A sublime arte de envelhecer
- Caderno de espiritualidade – Descubra o sagrado em você
- Caderno de espiritualidade – Não desperdice sua vida

**Dados Internacionais de Catalogação na Publicação (CIP)
(Câmara Brasileira do Livro, SP, Brasil)**

Grün, Anselm
  Caderno de espiritualidade : descubra o sagrado em você / Anselm Grün ; tradução de Markus A. Hediger. – Petrópolis, RJ : Vozes, 2021. – (Coleção Cadernos de Espiritualidade)

Título original: Entdecke das Heilige in dir

1ª reimpressao, 2021.

ISBN 978-65-5713-239-5

1. Autoconhecimento 2. Emoções 3. Espiritualidade
I. Título. II. Série.

21-69528   CDD-248.4

Índices para catálogo sistemático:
1. Espiritualidade : Cristianismo 248.4

Cibele Maria Dias – Bibliotecária – CRB-8/9427

ANSELM GRÜN

CADERNO DE ESPIRITUALIDADE
Descubra o sagrado em você

Tradução de Markus A. Hediger

Petrópolis

© 2019 – 2020 Vier-Türme-Verlag, 97359 Münsterschwarzach Abtei
Através da Agência Literária Carmen Balcells

Tradução realizada a partir do original em alemão intitulado *Entdecke das Heilige in dir*

Direitos de publicação em língua portuguesa – Brasil:
2021, Editora Vozes Ltda.
Rua Frei Luís, 100
25689-900 Petrópolis, RJ
www.vozes.com.br
Brasil

Todos os direitos reservados. Nenhuma parte desta obra poderá ser reproduzida ou transmitida por qualquer forma e/ou quaisquer meios (eletrônico ou mecânico, incluindo fotocópia e gravação) ou arquivada em qualquer sistema ou banco de dados sem permissão escrita da editora.

CONSELHO EDITORIAL

Diretor	**Conselheiros**
Gilberto Gonçalves Garcia	Francisco Morás
	Ludovico Garmus
Editores	Teobaldo Heidemann
Aline dos Santos Carneiro	Volney J. Berkenbrock
Edrian Josué Pasini	
Marilac Loraine Oleniki	**Secretário executivo**
Welder Lancieri Marchini	João Batista Kreuch

Diagramação e capa: wunderlichundweigand
Arte-finalização: Editora Vozes
Ilustrações de capa: ©mckenna71 e ©marish / Shutterstock.com
Ilustrações de miolo: © Shutterstock.com
Revisão gráfica: Editora Vozes

ISBN 978-65-5713-239-5 (Brasil)
ISBN 978-3-7365-0274-1 (Alemanha)

Editado conforme o novo acordo ortográfico.

Este livro foi composto e impresso pela Editora Vozes Ltda.

Os místicos sabem que, dentro de cada um de nós, existe um espaço sagrado, ao qual pensamentos e emoções não têm acesso.

Querida leitora, querido leitor,

Recentemente, muitos me perguntam querendo saber mais sobre santidade e o sagrado. Uma das perguntas frequentes é: como posso tornar-me "santo"? Na minha opinião, essa pergunta expressa o desejo de não se esgotar no mundo, mas encontrar algo dentro de si mesmo que transcende o mundo – intocado, íntegro e ileso.

Os místicos sabem que, dentro de cada um de nós, existe um espaço sagrado, um espaço do silêncio, ao qual os pensamentos e as emoções não têm acesso. Nesse santuário interior, Deus habita em nós. Nele somos sãos e íntegros, livres do poder das pessoas, de suas expectativas e exigências, de seus julgamentos e condenações. Aqui, onde Deus habita em nós, estamos em harmonia conosco mesmos e domina a paz de Deus. Muitos me perguntam sempre de novo: Como posso entrar em contato com esse sagrado dentro de mim? Eu só posso vivenciar esse espaço por um instante. No instante seguinte, já não o sinto mais. Para mim, a meditação é um caminho. Eu permito que ela me conduza para esse espaço do silêncio. Às vezes, eu o percebo. Mas mesmo quando eu não o sinto, a imagem desse santuário interior me transmite uma sensação de liberdade e vastidão, do ileso e do sagrado. No meio da correria do trabalho, eu posso saber: existe algo dentro de mim que se encontra fora do alcance dos conflitos do dia a dia. O sagrado dentro de mim não pode ser tocado pelo mundo. Essa imagem muda o meu sentimento: eu não me sinto mais ameaçado pela proximidade esmagadora dos problemas e dos conflitos e pela proximidade das pessoas que exigem tanto de mim.

A mera noção do sagrado dentro de mim me protege do mal do mundo. É como um refúgio interior, em que posso buscar proteção sempre que me sinto ameaçado pelo mundo.

Este livro pretende ser um convite para você, querido leitor. Quero convidá-lo a ir à procura dos rastros do sagrado em sua vida. Quero fazer-lhe algumas perguntas importantes e, se você quiser, encontrará aqui muito espaço para respondê-las para si mesmo. Quero também dar alguns impulsos para o seu caminho – você pode levá-los consigo quando enfrentar o dia ou pode usá-los como uma motivação para falar sobre eles com outras pessoas. Por fim, eu ficarei muito feliz se meus impulsos e minhas perguntas o encorajarem a refletir e a encontrar as suas soluções e respostas bem pessoais perfeitamente adequadas para a sua vida. Se você quiser, também pode registrá-las aqui. Assim, este livro pode se tornar um companheiro importante em seu caminho, um livro que você poderá consultar sempre que quiser ou precisar e que poderá completar e continuar a escrever até ele ter se tornado um livro totalmente seu.

Com saudações cordiais,

Anselm Grün

O CONCEITO DE SANTIDADE

Para os israelitas, Javé é o Santo. E tudo que está ligado a Javé é sagrado. A santidade está vinculada a brilho e beleza. Santidade brilha. O brilho sagrado de Deus é o reflexo visível de Deus no mundo. Quando Moisés fala com Deus no Monte Sinai, a luz divina faz o seu rosto brilhar.

Às vezes, estamos conversando, e o outro nos fala de um encontro especial, de um momento especial, de algo que o comoveu profundamente. De repente, algo começa a brilhar em seus olhos, em seus traços, um brilho que não vem do sol, mas que parece vir de dentro dele.

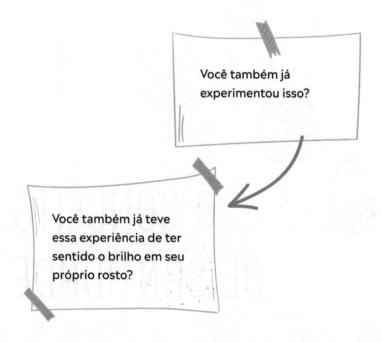

Você também já experimentou isso?

Você também já teve essa experiência de ter sentido o brilho em seu próprio rosto?

Aqui há bastante espaço para você
anotar os seus pensamentos.

No nosso tempo, foi principalmente Rudolf Otto que colocou o conceito da santidade no centro de sua filosofia da religião. Para ele, o sagrado é aquilo que fascina e, ao mesmo tempo, aquilo que nos assusta e nos faz estremecer no âmago do nosso ser; o sagrado é o *fascinosum* e o *tremendum*.

A santidade sempre apresenta esta tensão: ela é fascinante. Ela irradia algo que me cativa, excita e atrai. Mas eu também posso me assustar diante da santidade. Deus pode nos abalar profundamente. O sagrado me vira do avesso.

O que provoca em você essa sensação simultânea de susto e fascínio?

Você se lembra de uma situação, de um momento, em que você se deu conta disso?

ESPAÇOS SAGRADOS

Quando Moisés se aproxima da sarça, Deus diz a ele: "Não te aproximes daqui! Tira as sandálias dos pés, pois o lugar onde estás é chão sagrado" (Ex 3,5).

Hoje em dia, muitos zombam daquilo que acreditam ser uma visão primitiva: de que existem espaços especiais e "sagrados". Para a pessoa esclarecida, um espaço é simplesmente espaço. Deus está por toda parte. Ele não precisa de igrejas e de distritos demarcados. Mas quando olhamos para o nosso tempo, vemos pessoas que, ainda hoje, procuram lugares especiais. Para alguns, sua cidade de origem é sagrada; para outros, é o lugar em que se apaixonaram. Outros procuram lugares que apresentam uma boa radiação ou vibração, procuram lugares de força em que podem reabastecer suas energias.

Qual é um lugar especial ou sagrado para você?

Quais lugares na sua vida são "sagrados" para você?

A casa é como uma pele protetora para o corpo e a alma. É o lugar em que moramos. Originalmente, "morar" significa "encontrar bem-estar, estar contente, sentir agrado, habituar-se". A casa é o espaço em que encontramos a paz interior e exterior, em que descobrimos o prazer de viver e de ser. Construímos e equipamos a nossa casa como um espaço no qual possamos nos sentir à vontade. Mas sentimos também que devemos proteger a nossa casa para que ela realmente se torne aquele espaço agradável que nos agrada, em que nos sentimos em casa.

Quando você entrar em sua casa ou em seu apartamento, faça isso de modo consciente.

 Abra a porta e ultrapasse o limiar estando totalmente ciente do que está fazendo. Ao fazer isso, tente deixar tudo para trás, tudo que, "lá fora", ocupava sua mente: a última conversa, o longo trajeto do trabalho até sua casa...

 Entre no espaço protegido de sua casa e chegue em si mesmo.

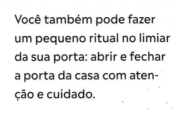

Você também pode fazer um pequeno ritual no limiar da sua porta: abrir e fechar a porta da casa com atenção e cuidado.

* Quando abrir a porta, você pode imaginar que agora está entrando num espaço que pertence a você, no qual pode morar, um espaço de proteção que o protege dos problemas barulhentos do mundo do trabalho.

* Quando fechar a porta, você pode imaginar que, com o mesmo ato, você está trancando também a porta do seu santuário interior.

* Quando você sai para o mundo com seus problemas, ainda existe dentro de você um espaço protegido ao qual o mundo não tem acesso, um espaço em que Deus habita em você e no qual você pode ser totalmente você mesmo.

Se você quiser, pode anotar aqui as suas experiências com os dois rituais.

Muitos procuram também nos mosteiros essa energia curadora. Eles sentem que lá, onde as pessoas rezam muito, surge um lugar sagrado, um espaço no qual eles podem mergulhar nessa energia.

Existem lugares em que, antigamente, existia um mosteiro e onde pessoas sensíveis ainda conseguem sentir a energia curadora que irradia desses lugares. Sua alma consegue respirar em lugares assim.

Conheço pessoas que procuram lugares desse tipo. E quando os encontram, elas ficam sentadas ali por horas para encontrar sua paz interior. Elas confiam que lá, na profundeza, sua alma é curada.

Em cada um de nós existe também um espaço do silêncio, ao qual o barulho do mundo não tem acesso, que não pode ser invadido pelos pensamentos e problemas.
Os Padres da Igreja falam do "Santo dos Santos" ou do "Santíssimo", que existe dentro de nós, do "lugar sagrado", do "templo" em nós. Nós podemos nos refugiar nesse santuário interior a qualquer hora e em qualquer lugar, para sermos curados e nos tornarmos sãos e íntegros.

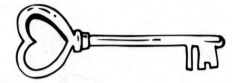

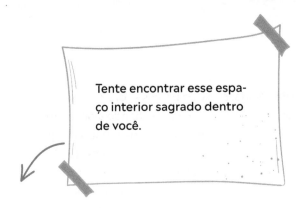

Tente encontrar esse espaço interior sagrado dentro de você.

 Sente-se num lugar calmo e tente imaginar como sua expiração lenta o conduz para o espaço interior, onde o silêncio é total. Esse espaço do silêncio já existe dentro de você. Você não precisa criá-lo. Muitas vezes, porém, você está separado dele. O lugar do silêncio está encoberto por uma grossa camada de concreto que o impede de senti-lo.

 Se você permanecer totalmente em sua respiração, às vezes, poderá sentir como essa camada de concreto é rompida e, então, você passa a sentir o espaço do silêncio. É o espaço do sagrado, o espaço em que Deus, o Santo, vive em você. Aqui, onde Deus está dentro de você, já é totalmente são e íntegro. Os ferimentos não têm acesso a esse lugar.

Uma ajuda: cruze os braços sobre o peito. É como se você estivesse fechando a porta do seu coração para que o barulho do mundo não possa invadir o espaço sagrado do seu coração. Com esse gesto, você protege o Santo dos Santos no próprio coração. Você pode imaginar que está carregando algo precioso dentro de você, o sagrado, o Santo, o próprio Deus. Então, talvez você consiga sentir que aqui, onde Cristo está dentro de você, tudo é são e íntegro. Aqui, suas preocupações não podem atormentá-lo. Aqui, nada pode machucá-lo. Mesmo quando você está doente, esse espaço são e sagrado está dentro de você. A partir desse espaço intocado, sua doença é relativizada. Ela deixa de dominar você. Nem tudo dentro de você está doente. Em sua essência, sua saúde é perfeita porque ela está imersa no sagrado.

Você conseguiu encontrar o seu espaço interior do silêncio?
Aqui você pode anotar as suas experiências com esse exercício.

TEMPOS SAGRADOS

As pessoas têm uma sensibilidade para momentos sagrados. Para a maioria das pessoas, as férias são sagradas. Algumas usam toda a sua imaginação para planejar férias criativas. Elas reservam tempo para o silêncio, para a percepção consciente de terras estrangeiras, culturas estranhas e paisagens desconhecidas. Querem desfrutar das férias como um espaço de liberdade, no qual elas se permitem ser como gostariam de ser na profundeza de seu coração.

Alguns consideram sagrado o período de silêncio na manhã, quando iniciam o dia. Outros planejam de vez em quando um dia no deserto, um dia em que se livram de todas as obrigações e simplesmente se expõem ao desconhecido, ao sagrado pelo qual anseiam no fundo do seu coração. Outros têm como sagrado o tempo de natação ou suas caminhadas. Eles fazem o possível para reservar um tempo só para isso.

Qual é o seu tempo sagrado? O que você não permite que ninguém e nada tire de você – nenhuma desculpa, nenhuma necessidade alheia, nenhum compromisso?

O que você sente em seu tempo sagrado? Por que ele é tão importante para você? O que o torna um tempo sagrado?

Existe, ainda hoje, uma sensibilidade para o tempo sagrado. Mas, hoje em dia, o sagrado perdeu algo de sua qualidade numinosa. Agora é simplesmente o tempo que preciso para mim mesmo. Mesmo assim, essa intuição de que eu preciso de tempo para mim mesmo, de um tempo que não pode ser tocado pelos outros, que é "tabu", ainda contém algo daquilo que a palavra "sagrado" designava originalmente. Sagrado é aquilo que foi separado, que não pode ser tocado, que foi demarcado. E talvez exista aqui também uma noção de que esse tempo não só faz bem a mim mesmo, mas que ele também me abre para algo que transcende o meu dia a dia, que me abre para o mistério da vida e para o mistério de Deus.

Em algum momento que foi um tempo sagrado para você, você sentiu que existia "algo mais"? Em algum momento vivenciou algo que transcendeu você?

Já na Antiguidade existia o ritmo dos sete: as pessoas trabalhavam seis dias e descansavam no sétimo. Os judeus prezavam altamente o sábado como dia de descanso. Para eles, o sábado significava participação no descanso de Deus, que criou o mundo em seis dias e descansou no sétimo. "Deus abençoou o sétimo dia e o santificou, porque neste dia Deus descansou de toda a obra da criação" (*Gn 2,3*).

Os cristãos celebram o domingo no lugar do sábado. A cada domingo, eles lembram a ressurreição de Jesus e vivenciam o Ressurreto em seu meio.

Talvez você não possa celebrar o domingo como dia de descanso porque você trabalha em turnos ou precisa estar de plantão nos fins de semana. Mas talvez você tenha outro dia de descanso ou um tempo fixo de descanso em que você possa recuperar suas energias?

Como é o dia de descanso perfeito para você? O que ele precisa ter? O que você permite que ele tenha?

DEVE TER

PODE TER

Além do domingo ou do ritmo semanal existem ainda outros ritmos que determinam a nossa vida – alguns mais, alguns menos. As estações do ano, festas no ciclo anual, dia e noite, fases lunares...

Qual ritmo lhe agrada mais?

☐ Escureceu? Você acende a luz. Veio o inverno? Você viaja para uma região mais quente. Você vive seu próprio ritmo.

☐ Para mim, as festas no ano e as estações são como âncoras na minha vida; são algo que eu aguardo com alegria porque assim nem todos os dias são iguais e com a mesma rotina.

☐ Eu não gosto quando as lojas ou os comerciais na TV tentam impor o que "se" deve fazer ou festejar em determinado momento. Mas eu preciso de uma estrutura – tanto no meu dia a dia como no meu tempo livre.

☐ Não gosto das feiras de Natal, tampouco gosto de comprar ovos de chocolate na época da Páscoa. Não sou fã de todas essas decorações para cada estação. Eu gosto de ritmos, mas não nessa forma tradicional.

☐ As estações e as festas me ajudam a lembrar o que eu vivenciei durante o ano. Assim, o tempo adquire outra qualidade para mim.

☐ ------------------------------

33

Jesus disse que o sábado foi feito para os homens, e não vice-versa (cf. Mc 2,27). Sem um dia de descanso, o ser humano se torna desumano. Esse descanso serve para recuperar o fôlego.

Segunda-feira   Terça-feira   Quarta-feira   Quinta-feira

Faça uma retrospectiva da semana e escreva aqui quando você teve tempo para respirar, recuperar o fôlego e recarregar suas baterias, quando se deu ao luxo de fazer uma pausa e de ter um tempo sagrado. Você pode anotar também o que você fez nesse tempo (se é que fez algo).

Cada ser humano precisa de espaços de silêncio para libertar-se de si mesmo, para perceber o mundo e as pessoas em seu mistério. E somente quando ele conhecer o mistério de sua própria vida e o mistério de seus próximos é que ele respeitará a sua própria dignidade e a dignidade das pessoas.

ATOS SAGRADOS

Todas as religiões e culturas conhecem rituais, atos sagrados, que são executados segundo uma ordem predefinida. Rituais pretendem destrancar as portas do sagrado. E quando abrem essas portas, eles têm um efeito curador em nós. Pois quando os atravessamos e entramos no âmbito sagrado, nós conseguimos escapar da ditadura deste mundo e mergulhamos num mundo diferente, que não é marcado por lucro e cálculos de ganhos e perdas, que não é determinado por eficácia e previsibilidade.

Nossa alma precisa desse mundo sagrado para se curar nele. Justamente pelo fato de não podermos dispor do sagrado e de Deus, isso é curador, libertador e enriquecedor para nós.

O que são rituais para você?

Quais atos lhe transmitem a impressão de serem atos sagrados?

Já que o sagrado invade também o nosso dia a dia, uma espiritualidade saudável tem como objetivo curar o dia a dia, por exemplo, no trabalho ou no convívio com as pessoas.

Por isso, um ato sagrado pode ser simplesmente fazer de modo consciente as coisas que fazemos como rotina no dia a dia:

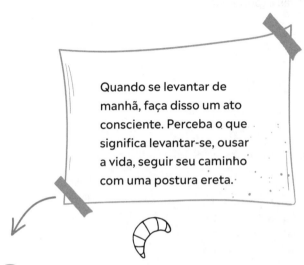

Quando se levantar de manhã, faça disso um ato consciente. Perceba o que significa levantar-se, ousar a vida, seguir seu caminho com uma postura ereta.

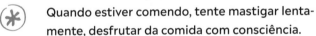

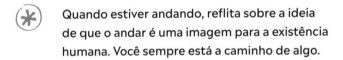

Quando estiver comendo, tente mastigar lentamente, desfrutar da comida com consciência.

Quando estiver andando, reflita sobre a ideia de que o andar é uma imagem para a existência humana. Você sempre está a caminho de algo.

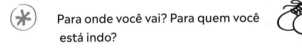

Para onde você vai? Para quem você está indo?

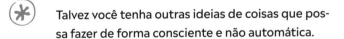

Talvez você tenha outras ideias de coisas que possa fazer de forma consciente e não automática.

Aqui você tem espaço para anotar as
suas experiências.

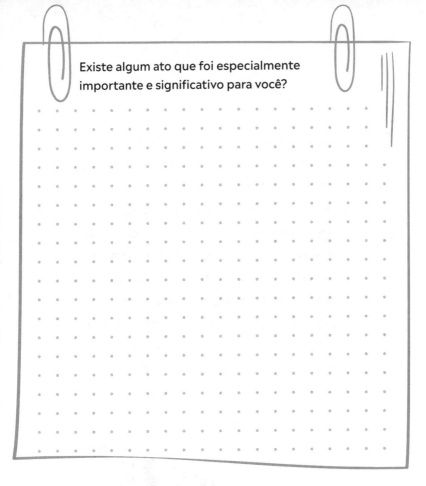

Existe algum ato que foi especialmente importante e significativo para você?

Nem sempre você pode fazer tudo conscientemente. Mas tente transformar algumas ações em seu dia a dia em atos sagrados, que você executa conscientemente. Assim tudo pode se transformar em algo sagrado que o cura e lhe dá nova força vital. Cada ação pode se transformar em um ato sagrado que abre o céu para nós e nos lembre de que Deus está conosco e dentro de nós e de que ele age conosco e através de nós.

Evidentemente, existe também o contrário: nos irritamos com rituais que, aparentemente, deixaram de fazer sentido. É claro que isso é também uma pergunta a nós: executamos os rituais de uma forma que faz sentido para nós, de forma que conseguimos nos entregar totalmente a eles? Quando não sabemos o que esses rituais significam, quando os repetimos só porque todos sempre o fizeram do mesmo jeito, esses rituais se esvaziam e deixam de ter um efeito sobre nós e outras pessoas.

Existem rituais em sua vida que você pratica, mas que lhe transmitem uma sensação cada vez mais nítida de que eles não significam mais nada para você, de que eles não têm mais nenhum efeito sobre você, de que eles não o tocam mais? Anote-os aqui.

> Existe uma razão pela qual você continue praticando esses rituais?

☐ Não, na verdade, eu não sei o que me impede de simplesmente desistir deles.

☐ Sim, as crianças. Para elas, é muito importante que nós repitamos esses rituais sempre da mesma forma.

☐ De alguma forma, eu me sinto obrigado a fazer isso, caso contrário sinto um peso na minha consciência.

☐ Existem outras razões pelas quais eu considero importante manter e preservar esses rituais, mesmo que eles não façam mais nenhum sentido para mim.

☐ _____

Talvez você sinta que precisa refletir um pouco mais sobre isso. Aqui há espaço para os seus pensamentos:

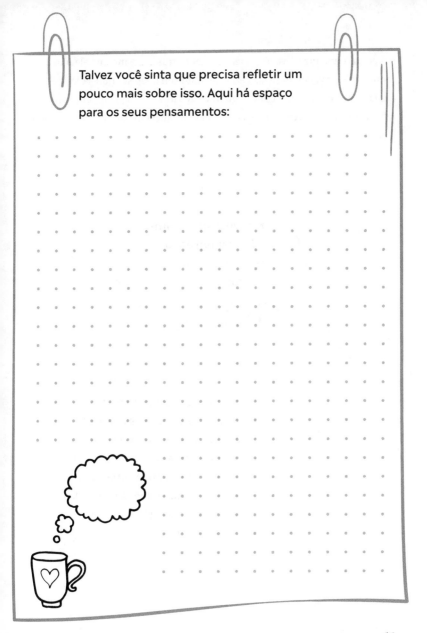

Se, por alguma razão, você quiser manter o ritual, mesmo que ele não o toque mais pessoalmente, às vezes, atribuir um novo sentido a ele pode ajudar. Você pode acrescentar algo novo ao ritual – um gesto, um ato, talvez apenas uma reflexão pessoal – para assim conferir um novo sentido a ele.

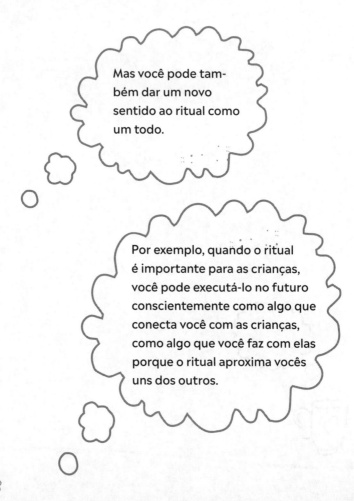

Mas você pode também dar um novo sentido ao ritual como um todo.

Por exemplo, quando o ritual é importante para as crianças, você pode executá-lo no futuro conscientemente como algo que conecta você com as crianças, como algo que você faz com elas porque o ritual aproxima vocês uns dos outros.

Talvez você tenha outras ideias de como "recarregar" os rituais, para que eles voltem a ter um significado para você.
Pode anotá-las aqui.

A história de Jacó nos mostra o que significa um ritual como ato sagrado (Gn 28,10-20). Ele toma a pedra sobre a qual ele deitou a sua cabeça quando sonhou com a escada celestial, ele a unge e a ergue como símbolo de lembrança. No ritual, nós tomamos algo terreno, concreto: uma pedra, uma vela, óleo, um gesto, um ato mundano. E esse objeto ou gesto terreno abre o céu para nós. Ele se transforma em símbolo que nos lembra de que Deus está conosco: "Isto aqui só pode ser a casa de Deus e a porta do céu" (Gn 28,17). Assim, cada ato pode se transformar em um ato sagrado. Para alguns, esse ato sagrado pode ser o banho matinal; para outros, a caminhada na floresta; para outros, a celebração consciente do seu café da manhã.

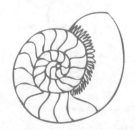

O que poderia ser o seu novo ritual, seu novo ato sagrado pessoal que possui significado em sua vida?
Descreva-o.

OBJETOS SAGRADOS

Na Antiguidade, existiam muitos objetos sagrados. Frequentemente, as pessoas veneravam pedras sagradas. A pedra deixava as pessoas fascinadas. Ela expressava duração e força, resistência e peso. Pedras sagradas compartilhavam do poder de Deus. Desde sempre, pedras têm atraído fortemente o espírito e os sentimentos do ser humano. Ainda hoje pedras exercem um fascínio especial sobre muitas pessoas. Elas colecionam pedras e as guardam em casa. As pedras as fazem lembrar de tempos remotos, da origem da existência. E as pedras lhes transmitem algo da solidez do ser, da força de Deus.

Talvez você também tenha uma pedra especial, uma pedra que significa algo para você ou que o lembre de algo lindo ou importante. Quando você a limpa com óleo e a coloca num lugar especial, você sempre pode se lembrar daquele momento em que você vivenciou a conexão entre o céu e a terra.

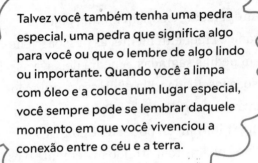

Mas talvez exista outro objeto concreto que é importante para você e ao qual você deseja atribuir um lugar especial.

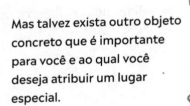

Quando o Abade Fidelis falava de suas viagens ao Peru, ele contava que, quando os indígenas se despediam dele, eles lhe davam pedras sagradas que eles tinham segurado em suas mãos e sobre as quais tinham rezado. Com essas pedras, eles lhe davam suas próprias orações. Eram símbolos de que suas orações acompanhariam o abade para onde quer que fosse. Suas orações tinham se cristalizado na forma das pedras, elas haviam se transformado em algo concreto, em algo palpável. O abade afirmava que era possível sentir nessas pedras o amor e o temor de Deus. E assim o abade sempre leva consigo algo sagrado na forma das pedras dos indígenas. Isso lhe transmite a certeza de que ele não está sozinho, de que Deus o carrega, de que existem pessoas que se lembram dele em suas orações e que, com suas orações, criam um manto curador que o cobre.

Que gesto maravilhoso – presentear o outro com uma pedra, para que as orações ou as bênçãos e os bons pensamentos o acompanhem. Talvez você também queira fazer isso?

Você pode esfregar as pedras com óleo ou usar um objeto pontiagudo para gravar alguma palavra nela, para que ela acompanhe essa pessoa em seu caminho.

Você também pode colocar a pedra ou as pedras numa bolsinha de tecido, para que elas não se percam. Assim, a pessoa presenteada saberá que você está pensando nela e que você está com ela onde quer que ela esteja.

Em muitas religiões, as árvores eram consideradas sagradas. A árvore conectava o céu com a terra. A história da religião conhece árvores da vida, árvores da imortalidade e da sabedoria e árvores que nos devolvem a juventude. A árvore latifoliada é uma imagem de morte e renascimento. Os pinheiros sempre verdes são um símbolo da imortalidade.

> Existe para você um tipo de árvore que ama mais do que as outras ou uma árvore concreta que gosta de contemplar e que é importante para você?

Se a árvore for um símbolo para você – o que ela representa em sua vida?

Muitas pessoas afirmam que elas se sentem unidas com a natureza quando abraçam uma árvore. Talvez essa não seja bem a sua praia.

Em vez disso, você poderia procurar uma árvore e visitá-la com frequência. Você pode se sentar à sua sombra, pode contemplá-la e cuidá-la.

Uma outra ideia: se você gosta de tricotar ou fazer crochê, você pode produzir animais ou padrões ou simplesmente uma longa corda colorida para enfeitar a árvore ou decorar um galho. Assim, a árvore se torna a sua árvore e um lugar para o qual você gosta de voltar para reabastecer suas energias e sentir-se um com a natureza, talvez até com Deus e sua criação.

Para os cristãos, o símbolo da árvore da vida e da árvore da sabedoria foi absorvido pela imagem da cruz. A cruz se torna o lugar em que entramos em contato com a vida verdadeira. A morte foi vencida na cruz. Foi na cruz que Deus reconciliou o céu com a terra. Aqui, todos os opostos deste mundo são preenchidos com o amor de Deus. E a cruz revela a sabedoria de Deus. Ela torna visível como podemos ter uma vida bem-sucedida, como podemos alcançar a vida verdadeira atravessando as muitas aflições.

Hoje em dia, muitos usam uma cruz pendurada no pescoço. Para eles, é um sinal de que Cristo os acompanha, que eles estão protegidos de danos e infortúnios.

Para muitas pessoas, porém, a cruz é um símbolo difícil, pois ele remete primeiramente à tortura, à angústia e à morte.

O que a cruz significa para você?

Outras pessoas compram velas e as acendem na frente do altar dedicado à Virgem Maria. Muitas vezes, pedem até que um padre benza suas velas e esperam que isso lhes ajude a ver na vela não só a luz brilhante e calorosa, mas também a presença curadora e amável de Deus. Conheço outros que não querem se envolver com a religião, mas que acendem uma vela na igreja. Isso lhes dá a esperança de que a luz possa invadir e esclarecer os seus conflitos, que a esperança transforme a sua tristeza e que Deus se lembre deles e ofereça uma solução para a sua situação insolúvel.
Em tempos de necessidades existenciais, faz bem saber-se envolvido pelo sagrado.

Você conhece o costume de acender uma vela na igreja – para você mesmo e suas necessidades ou para uma outra pessoa que é importante para você e que está doente ou que está atravessando um período difícil em sua vida? Isso é algo que você gostaria de fazer?

Se você sentir que a igreja não é o local certo para fazer isso, você também pode acender uma vela em casa. Reserve um tempo para si mesmo e suas preocupações ou para pensar na pessoa para a qual você gostaria de enviar força e confiança ou uma solução para os seus problemas.

Se analisássemos os quartos de jovens, encontraríamos muitos objetos sagrados. Mas os adultos também têm muitas coisas que são sagradas para eles. A fotografia do avô falecido, por exemplo, ou seu relógio de ouro, mas também objetos aparentemente sem valor nenhum como sua bengala, seu cachimbo, seu lenço, seu chapéu. Lembranças se transformam em objetos sagrados.

Quando tiver tempo, dê uma olhada em seu apartamento. O que você acumulou ao longo dos anos que é sagrado para você?

Por que esses objetos são sagrados para você? Qual é a lembrança que eles despertam? Quais sentimentos eles provocam em você?

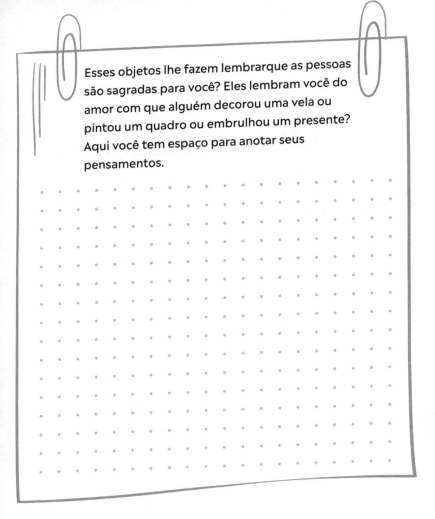

Esses objetos lhe fazem lembrar que as pessoas são sagradas para você? Eles lembram você do amor com que alguém decorou uma vela ou pintou um quadro ou embrulhou um presente? Aqui você tem espaço para anotar seus pensamentos.

Trate esses objetos com cautela e delicadeza, e sinta a qualidade que está contida neles. Talvez essas coisas possuam uma aura que lhe faça bem, que evoque o seu anseio por transcendência, pelo sagrado e pela integridade.

Bento de Núrsia dá o seguinte conselho
ao administrador do mosteiro:
"Trate todas as ferramentas do mosteiro
e toda a sua propriedade
como instrumentos
sagrados do altar".

Um pequeno exercício para o dia: tente sentir conscientemente tudo que você tocar com a mão, tente perceber a qualidade, a singularidade, tente explorar com as mãos a sua beleza. Pois então você perceberá que cada objeto é sagrado, que ele foi moldado por Deus ou por pessoas, que investiram nele a sua inteligência, mas também o seu amor.

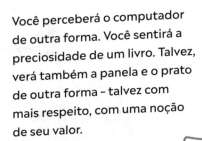

Você perceberá o computador de outra forma. Você sentirá a preciosidade de um livro. Talvez, verá também a panela e o prato de outra forma – talvez com mais respeito, com uma noção de seu valor.

PESSOAS SANTAS

Na Antiguidade, só um tipo muito especial de pessoas era considerado santo: sacerdotes, xamãs, curandeiros, profetas. Ainda hoje existe a necessidade de ter pessoas santas. Hoje em dia, porém, não são mais necessariamente pessoas que exerçam uma função específica, mas que irradiam pessoalmente algo como santidade. Quando falamos com elas, temos a impressão de que elas não só possuem uma sabedoria de vida profunda, mas que irradiam algo sagrado, porque tiveram um encontro com o sagrado.

Quais pessoas são santas para você? O que elas irradiam? O que elas evocam em você? Como você se sente quando está com elas ou quando pensa nelas?

Anote abaixo os nomes das pessoas que fascinam você. E então anote ao lado de cada nome a característica que mais o impressiona.

{ NOME }   { CARACTERÍSTICA }

Para as pessoas que são chamadas de "santas" por outras pessoas, existe um grande perigo de elas se identificarem com aquilo que as pessoas projetam sobre elas. Os santos verdadeiros sempre se perceberam como pecadores. Não era uma humildade exagerada, mas uma proteção contra as projeções dos outros, que ameaçavam seduzi-los para um mundo de ilusões. Os santos não se portavam como santos. Eles se tornaram santos porque ofereciam a Deus toda a sua realidade com todos os seus altos e baixos, com todos os seus aspectos de luz e sombra, para que Deus os curasse e transformasse.

O que transforma as pessoas que você citou como os "seus santos" em santos "verdadeiros" neste sentido? Você conhece também as suas sombras?

Ser santo não significa ser
moralmente mais perfeito ou mais
elevado do que os outros.
Ser santo significa, em primeiro
lugar, que alguém foi tocado
por Deus, que foi preenchido pelo
Espírito de Deus.
E ser santo significa que ele foi
separado deste mundo, que ele está fora
do alcance do domínio deste mundo.

Temos algo santo dentro de nós, que está fora do alcance do mundo. Quando nos conscientizamos disso, isso nos faz bem e nos liberta do domínio tirânico deste mundo e de seus padrões. Ainda temos algo diferente dentro de nós, algo santo, íntegro e intocável. Carregamos dentro de nós o santuário interior no qual Deus tomou morada dentro de nós (cf. Jo 14,23).

Se existe algo santo em cada pessoa, então isso vale também para nós pessoalmente. Perceba a si mesmo. Sinta seu corpo. Ele é "um templo do Espírito Santo", assim diz a Bíblia. Trate seu corpo com respeito e dignidade.

Sente-se num lugar tranquilo e imagine que você está carregando algo santo dentro de você, algo misterioso que é maior do que você. Tente sentir esse lugar santo dentro de si mesmo. Na próxima vez que passar por um espelho, olhe-se nele sabendo de tudo isso. Algo mudou em sua percepção de si mesmo?

Cuide de si mesmo. Honre a si mesmo, seja bom consigo mesmo, esteja ciente do santo em si mesmo, do mistério que você é.

Na Bíblia, a respiração é uma imagem para o Espírito Santo. Perceba conscientemente a sua respiração. Quando você inspira, o Espírito Santo flui para dentro de você, de modo que tudo que está dentro de você é tocado e impregnado pelo sagrado.

> Se isso é verdade, como você se percebe em vista dessa verdade?

São Bento instrui seus monges a reconhecerem Cristo em cada irmão e em cada irmã. Quando não definimos o outro com base em seus erros, mas quando enxergamos nele a santidade e reconhecemos Cristo nele, nós o tratamos de forma diferente. Acreditamos no bem e no potencial que existem nele.

Quando vemos o bem no outro, ele também se olhará com outros olhos. Ele não se condenará por causa de seus erros, mas acreditará que, a despeito de tudo, existe nele um núcleo santo e íntegro.

Ele não desistirá de si mesmo, mas sempre terá forças para se levantar e começar de novo.

Hoje, quero que você tente ver com outros olhos as pessoas que cruzarem o seu caminho, que você tente acreditar que Cristo está em cada uma delas, que existe algo santo em cada uma delas que precisa ser protegido. Não tente invadir o espaço delas e julgá-las. Simplesmente permita que elas sejam como são.

> Como você se sente em relação a essas pessoas quando você as contempla dessa forma?

Agora você consegue lidar de outra forma com elas, ou será que elas, de repente, se comportam de maneira diferente?

Tente também ver o santo em pessoas que você não acha simpáticas, das quais você não gosta. Não as defina com base em sua aparência que você rejeita. Coloque-se no lugar delas, para que você possa descobrir a santidade nelas.

Quando as encontrar da próxima vez, você conseguirá vê-las com olhos diferentes, tratá-las de modo diferente?
Ninguém disse que isso é fácil! 😌

Imagine pessoas que foram más com você, que machucaram você. Consegue enxergar alguma santidade nelas? Esse olhar transforma seu relacionamento com elas?

A COMUNIDADE E O SAGRADO

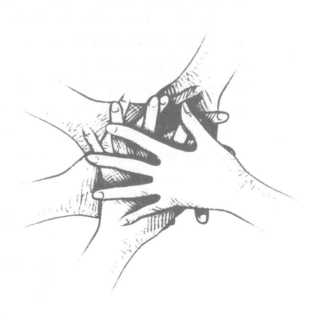

Não é somente nas pessoas individuais que sentimos a santidade. Muitas vezes, nós a sentimos também em comunidades. Algumas pessoas sentem que determinadas comunidades irradiam algo que lhes faz bem. É claro que, nesses casos, também existem projeções e decepções. Pois nenhuma comunidade é exclusivamente santa. Ela também possui sombras e é marcada pela mediocridade banal.

Muitos, porém, que se hospedam na nossa casa de hóspedes ou desejam vivenciar a vida no mosteiro por um tempo limitado, escrevem que sentiram uma energia curadora no nosso meio.

Você já vivenciou algo semelhante alguma vez na sua vida? Talvez durante a estadia num mosteiro, durante uma peregrinação ou num curso de fim de semana? O que você sentiu no grupo que você chamaria de "santo"? Existem palavras para isso?

Para cada grupo existe algo que
ele considera santo ou sagrado,
algo que representa um tabu para todos.
Todos devem respeitar isso.
Essa é, muitas vezes, a precondição
inconsciente que todos veem como
inquestionável. É algo sobre o qual
não se discute.

Dê uma olhada nos grupos nos quais você vive: colegas de trabalho, família, voluntários, grupos que você frequenta no tempo livre, círculo de amigos... Você consegue identificar algo sagrado que une vocês?

Quais são os ideais que todos compartilham, que todos prezam? Vocês têm um sonho em comum? Quais lembranças são para você a fonte da vida e da união?

As pessoas vivenciam também no relacionamento que o sagrado as une. Para muitas, é o sagrado que vivenciaram em seu amor. Ele é mais do que os sentimentos que elas nutrem uma pela outra. Nesse amor, elas vivenciam algo que as comove e as transcende, algo que nem sempre conseguem identificar com palavras. Isso lhes mostra que seu amor é o lugar em que podem experimentar Deus, no qual vivenciam o sagrado. Isso lhes transmite que seu amor é algo precioso, algo sagrado, algo que precisam tratar com cuidado e respeito.

Qual é o centro do seu relacionamento ou até da sua família?
Qual é o laço que une todos vocês?

O que é sagrado para vocês? Existe algo que vocês protegem todos juntos, que não pode ser tocado ou violado?

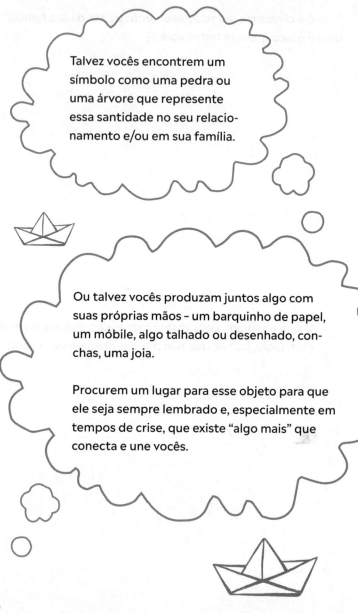

Talvez vocês encontrem um símbolo como uma pedra ou uma árvore que represente essa santidade no seu relacionamento e/ou em sua família.

Ou talvez vocês produzam juntos algo com suas próprias mãos – um barquinho de papel, um móbile, algo talhado ou desenhado, conchas, uma joia.

Procurem um lugar para esse objeto para que ele seja sempre lembrado e, especialmente em tempos de crise, que existe "algo mais" que conecta e une vocês.

Lance Secretan, um assessor de empresas, entende o santuário como um espaço no qual a alma abre as asas e levanta voo, no qual a criatividade e a imaginação definem o convívio e o trabalho. Aparentemente, também uma empresa precisa de algo sagrado, de algo que todos consideram intocável, de algo que relativiza a busca eterna pelo lucro. O sagrado permite que a alma respire e cria um espaço em que o indivíduo se sente respeitado. O sagrado une as pessoas num nível mais profundo do que o lucro. Ele gera um clima de liberdade, de prazer e de alegria no trabalho, um clima que leva as pessoas a novos horizontes.

Existe algo semelhante em sua empresa, em seu círculo de colegas?

Você percebe algo sagrado em seu trabalho ou nas coisas que você cria e produz?

VALORES
SAGRADOS

Hoje em dia, muitas pessoas em muitos lugares lamentam uma perda de valores. A validade de velhos valores como verdade, justiça, amor, bondade e solidariedade parece ter esgotado. As pessoas não os consideram mais como sagrados. Mas quando olhamos mais de perto e com mais cuidado, devemos falar não da perda de valores, mas da sua mudança. Os valores que as pessoas de hoje consideram sagrados mudaram em comparação com os de antigamente. Em vez de só chorar a sua perda, seria mais apropriado tentar identificar os valores que são sagrados para as pessoas de hoje.

Quais são os valores que você considera sagrados? Quais valores você não quer perder? Em sua opinião, quais valores merecem ser defendidos?

Para o ser humano, o sagrado sempre é também aquilo que é importante para ele. O sagrado também expressa algo que dá valor à vida. O sagrado é maior do que nós mesmos. Esperamos que o sagrado nos dê apoio e refúgio e traga clareza para a nossa vida. Para a maioria das pessoas, valores tradicionais como confiança, amor, liberdade, responsabilidade, honestidade continuam sendo sagrados. Elas não querem abrir mão desses valores, pois elas sentem que, sem honestidade, responsabilidade e solidariedade, o amor não pode existir. Sem esses valores, um convívio na família se torna impossível. Sem eles, é até impossível existir.

Na minha espiritualidade pessoal, os anjos representam valores. Para mim, o anjo é uma imagem que me diz que eu não preciso criar esse valor com a minha própria força. Existe um anjo que me apresenta a esse valor, a essa virtude. E quando o anjo me instrui nessa postura, eu me sinto melhor. Então consigo viver de outra forma. Minha vida se torna mais colorida, mais diversa. Ela passa a participar da santidade. Ela recupera sua saúde e integridade.

Talvez você consiga dar mais significado a esse conceito:

Aceitação

Momento

Abrigo

Respeito

Energia

Abraham Maslow, um psicólogo norte-americano, acredita que o ser humano possui "valores de existência". Ele cita valores como o verdadeiro, o bom e o belo, a justiça, a perfeição e o amor. Quando o ser humano desrespeita ou ignora esses valores, ele adoece. Maslow sabe que o ser humano precisa de valores sagrados para poder viver sua existência humana de forma autêntica. Eles fazem parte de seu ser como suas necessidades vitais como fome, sede e sexualidade. Quando o ser humano reconhece esses valores como sagrados e intocáveis e passa a servir a eles, sua vida adquire uma nova dimensão profunda. Ele desdobrará e viverá aquilo para o qual ele foi chamado. Ele se torna verdadeiramente humano.

Alguma vez você já vivenciou que seu empenho pelo bem e pela verdade, pela justiça e pelo amor lhe deu felicidade interior?

Existem ainda outros "valores de existência" que são importantes para você?

O SAGRADO CURA

Na história da medicina, "curar" e "santificar" estavam intimamente vinculados. Na civilização grega, o médico precisava respeitar o sagrado para poder curar. A declaração central do juramento de Hipócrates dizia: "Guardarei castidade e santidade na minha vida e na minha profissão". O médico que se dessacraliza ao violar o seu juramento se torna incapaz de curar.

Existem dentro de você cicatrizes ou ferimentos que ainda não curaram? Ou você sente que, atualmente, você está sendo excluído, agredido por outros, que suas preocupações ou expectativas – próprias ou alheias – estão pesando sobre você? Anote tudo aqui.

Volte mais uma vez para o exercício da página 19. Tente chegar em seu espaço interior do silêncio. Agora contemple tudo que está atormentando você neste momento ou em que lugar você se sente ferido ou magoado. Você sente que aqui, em seu espaço do silêncio, nada disso pode alcançá-lo? Você sente que, aqui, você é são e íntegro e que está protegido de tudo?

> Mesmo que você não consiga na primeira tentativa: permaneça e persevere no exercício e tente sentir esse espaço sagrado dentro de você. Tente buscar refúgio nesse espaço sempre que situações difíceis ameaçarem ou ferirem você, para que possa permanecer ou se tornar cada vez mais curado.

Aqui, onde o santo ou o sagrado habita no ser humano, ele já é são e íntegro. Aqui, ele está completamente consigo mesmo. Aqui, os pensamentos nocivos e os padrões de vida destrutivos não têm acesso. Esse espaço interior é inalcançável para as expectativas e exigências, para os julgamentos e as condenações das pessoas. Neste espaço, ninguém pode nos ferir nem magoar. Aqui, o sagrado nos protege. Aqui, o sagrado nos cobre como um manto protetor. Aqui, onde o sagrado está em nós, ocorre cura verdadeira. Pois somente o sagrado cura verdadeiramente.

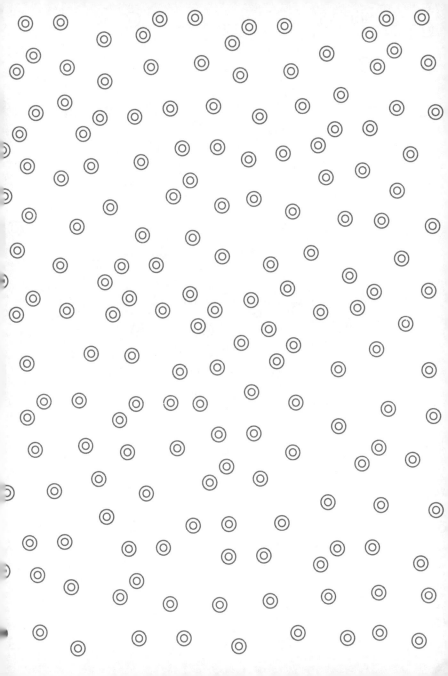

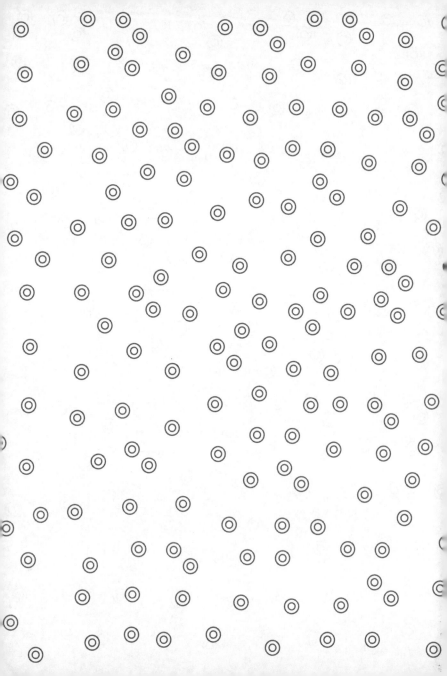